BEI GRIN MACHT SICH IHR WISSEN BEZAHLT

AF168126

- Wir veröffentlichen Ihre Hausarbeit,
  Bachelor- und Masterarbeit

- Ihr eigenes eBook und Buch -
  weltweit in allen wichtigen Shops

- Verdienen Sie an jedem Verkauf

Jetzt bei www.GRIN.com hochladen und kostenlos publizieren

Bibliografische Information der Deutschen Nationalbibliothek:

Die Deutsche Bibliothek verzeichnet diese Publikation in der Deutschen National-
bibliografie; detaillierte bibliografische Daten sind im Internet über http://dnb.d-
nb.de/ abrufbar.

Impressum:

Copyright © 2019 GRIN Verlag
Druck und Bindung: Books on Demand GmbH, Norderstedt Germany
ISBN: 9783346064011

Dieses Buch bei GRIN:

https://www.grin.com/document/505837

Romina Kraus

Trainingsplanung für das Ausdauertraining. Leistungsdiagnostik, Zielsetzung, Mesozyklusplanung, Literaturrecherche

GRIN Verlag

GRIN - Your knowledge has value

Der GRIN Verlag publiziert seit 1998 wissenschaftliche Arbeiten von Studenten, Hochschullehrern und anderen Akademikern als eBook und gedrucktes Buch. Die Verlagswebsite www.grin.com ist die ideale Plattform zur Veröffentlichung von Hausarbeiten, Abschlussarbeiten, wissenschaftlichen Aufsätzen, Dissertationen und Fachbüchern.

Besuchen Sie uns im Internet:

http://www.grin.com/

http://www.facebook.com/grincom

http://www.twitter.com/grin_com

Deutsche Hochschule für
Prävention und Gesundheitsmanagement

Einsendeaufgabe

Fachmodul:	Trainingslehre 2
Studiengang:	Fitnessökonomie
Name, Vorname:	Kraus, Romina
Studienort:	**Hamburg**

Inhaltsverzeichnis

1 Diagnose

Im Folgenden werden die diagnostizierten Daten der Person dokumentiert.

1.1 Allgemeine und biometrische Daten

In der folgenden Tabelle werden die allgemeinen und biometrischen Daten dargestellt.

Tabelle 1: Allgemeine und biometrische Daten zur Person (eigene Darstellung)

Alter	24 Jahre
Geschlecht	Weiblich
Körpergröße	163 cm
Körpergewicht	56 kg
Körperfettanteil	24%
Trainingsmotive	Möchte in 6 Monaten den ersten Halbmarathon laufen, Körperfettreduktion, Ausdauerleistungsfähigkeit verbessern
Berufliche Tätigkeit	Duales Studium Fitnessökonomie
Aktuelle sportliche Aktivität	Krafttraining: 2 x pro Woche. Ausdauertraining: Moderates Laufen 3 x pro Woche zwischen 45-60 Minuten seit 3 Monaten. 1 x pro Woche 60 Minuten Indoor Cycling seit 2 Jahren.
Frühere sportliche Aktivität	Laufen 1-2 x pro Woche seit ca. 5 Jahren (zwischen 5 und 10 km) Krafttraining 2-3 x pro Woche seit ca. 4 Jahren
Zeitlicher Verfügungsrahmen	4 mal pro Woche, 45-70 Minuten pro Trainingseinheit
Blutdruck	Systolisch: 123 mmHg Diastolisch: 81 mmHg
Ruhepuls	60 Schläge/Minute
Orthopädische Probleme	Keine
Internistische Probleme	Keine
Ärztliche Behandlungen	Keine
Einnahme von Medikamenten	Keine
Sonstige gesundheitliche Einschränkungen	Keine

Die untenstehende Tabelle stellt die Normwerte und die Klassifikationen des Blutdrucks dar.

Tabelle 2: Blutdruck Normalwerte und Klassifikation (modifiziert nach Dr. Wollenberg & Croci, 2018a)

Bewertungsstufen	Systolischer Blutdruck	Diastolischer Blutdruck
Normblutdruck (Normotonie):		
optimal	<120 mmHg	<80 mmHg
normal	<130 mmHg	<85 mmHg
hochnormal	130-139 mmHg	85-89 mmHg
Bluthochdruck (arterielle Hypertonie):		
Stufe 1	140-159 mmHg	90-99 mmHg
Stufe 2	160-179 mmHg	100-109 mmHg
Stufe 3	>180 mmHg	>110 mmHg

Die folgende Tabelle stellt die Pulsnormalwerte nach Alter dar:

Tabelle 3: Pulsnormalwerte nach Alter (modifiziert nach Dr. Chris Wollenberg & Croci, 2018b)

Alter	Pulsschläge pro Minute
0 Jahre	140
2 Jahre	120
4 Jahre	100
10 Jahre	90
14 Jahre	85
Erwachsene	60-80
Senioren	80-85

Der Blutdruck der Person 123 mmHg systolisch zu 81 mmHg diastolisch ist nach den wissenschaftlich anerkannten Normwerten als normal einzustufen. Der Ruhepuls mit 60 Schlägen pro Minute (S/min) liegt im Bereich der Pulsnormwerte für Erwachsene, nämlich zwischen 60 bis 80 S/min. Somit befinden sich die ermittelten Werte im Bereich der wissenschaftlich anerkannten Normwerte. Zudem bestehen keine orthopädischen oder internistischen Probleme, keine Medikamenteneinnahme oder andere gesundheitlichen Einschränkungen. Aufgrund dessen und der Vorerfahrung im Ausdauertraining ist die Person als voll belastbar und trainierbar einzuschätzen.

1.2 Leistungsdiagnostik/Ausdauertestung

Für diese Person wird der Vita-Maxima-Test durchgeführt. Dieser Test wird auf einem Fahrradergometer durchgeführt und ist geeignet zur Beurteilung der Leistungsfähigkeit des Herz-Kreislauf-Systems von leistungsfähigen und gesunden Personen wie z.B. Radsportlern oder Läufern. Bei diesem Test handelt es sich um einen Stufentest bis zur maximalen Ausbelastung. Im folgenden Test ist die Eingangsbelastung auf 100 Watt festgelegt und wird alle drei Minuten um 50 Watt gesteigert. Die Trittfrequenz wird zwischen 80-100 Umdrehungen pro Minute gehalten. Die Wattleistung wird gesteigert bis zur Ausbelastung. Anzeichen für eine Ausbelastung ist mindestens das Erreichen der errechneten Pulsmindestgrenze auf dem Fahrrad (200-Lebensalter) (Kindermann, 1987, S. 244-268). Diese würde bei der Testperson bei 176 S/min (200 S/min-24 Jahre) liegen. Ein anderes Kennzeichen zur Ausbelastung wäre das Nichteinhalten der vorgegebenen Trittfrequenz aufgrund von muskulärer Ermüdung der Beinmuskulatur. Sollten während des Tests Symptome wie subjektive Beschwerden oder Erschöpfung, Engegefühl in der Brust, Atemnot, Hustenreiz unter Belastung, Schmerzen, Übelkeit, Blässe, Schwindel, kalter Schweiß, zu starker Blutdruckanstieg (<230/115 mmHg), fehlender Blutdruckanstieg oder Blutdruckabfall unter Belastung auftreten, muss der Test unverzüglich abgebrochen werden (Steinacker, Liu & Reißnecker, 2002, S. 228). Als Testgröße gilt die Wattzahl der Belastungsstufe, welche zuletzt durchgefahren wurde, bei Erreichen der festgelegten Pulsgrenze. Sollte die Belastungsstufe durch o.g. Kennzeichen schon vorzeitig abgebrochen werden, erfolgt eine Anrechnung der Belastungssteigerung zeitinterpoliert.

Die Testperson hat keine gesundheitlichen Einschränkungen und kann aufgrund des aktuellen Trainingsumfangs und mehrjähriger Lauferfahrung als gut trainierter Ausdauersportler eingestuft werden. Eine maximale Ausbelastung ist der Person aus diesem Grund zuzutrauen. Zudem kann bei einem Test auf dem Fahrradergometer die Belastung exakt dosiert werden und es liegen wissenschaftlich abgesicherte Normwerttabellen vor, die einen individuellen Leistungsvergleich ermöglichen. Da die Person durch die wöchentliche Indoor Cycling Stunde an das Fahrradfahren gewöhnt ist, stellt der Vita-Maxima-Test eine gewohnte Belastung in Bezug auf den Bewegungsablauf dar. Die koordinativen Anforderungen sind zudem sehr gering und es besteht, anders als bei einem Lauftest, keine Sturzgefahr.

Im Folgenden werden die Testparameter des Vita-Maxima-Tests dargestellt.

Tabelle 4: Testparameter Vita-Maxima-Test (eigene Darstellung)

Datum	16.06.2019
Alter	24 Jahre
Geschlecht	weiblich
Testform	Vita-Maxima-Test
Belastungsart	Maximale Belastung, Stufentest
Eingangsbelastung	100 Watt
Stufendauer	3 Minuten
Belastungssteigerung	50 Watt
Trittfrequenz	60-80 Umdrehungen pro Minute
Ruhepuls	60 S/min

Im Testverlauf wird nach jeder Minute die Herzfrequenz protokolliert. So ergeben sich nachfolgend pro Belastungsstufe drei Herzfrequenzangaben.

Tabelle 5: Testverlauf des Vita-Maxima-Tests (eigene Darstellung)

Zeit in Minuten	Watt	Herzfrequenz 1	Herzfrequenz 2	Herzfrequenz 3
1-3	100	147 S/min	155 S/min	160 S/min
4-6	150	165 S/min	169 S/min	174 S/min
7-9	200	179 S/min	185 S/min	189 S/min
10-12	250	192 S/min		

Die Normwerte für Frauen im Vita-Maxima-Test ergeben sich wie folgt:

Tabelle 6: Normwerte Vita-Maxima-Test - Relative Watt-Soll-Leistung (Watt pro kg Körpergewicht) für Frauen (modifiziert nach Kindermann, 1987a, S. 244-268)

Relative Wattleistung pro kg Körpergewicht	Bewertung
2,5 Watt	Durchschnittliche Ausdauerleistungsfähigkeit (Normalbürger)
3,5 Watt	Freizeit- bzw. Breitensportler
4,5 Watt	Leistungssportler (Ausdauer)
5,5 Watt	Hochleistungssportler (Ausdauer)

In Tabelle 5 ist der Testverlauf der Person dargestellt. Insgesamt ist die Person drei Belastungsstufen vollständig durchgefahren. In Belastungsstufe vier bei 250 Watt, ist die Person eine Minute gefahren. Nach dieser Minute musste der Test aufgrund muskulärer Erschöpfung abgebrochen werden. Dabei hat die Person eine maximale Herzfrequenz von 192 S/min erreicht. Die Gesamtleistung liegt bei 217 Watt. Die Person ist die Belastungsstufe bei 200 Watt vollständig durchgefahren. Bei der Belastungsstufe 250 Watt wurde nur eine von drei Minuten bewältigt (Zeitinterpolation: 1/3 von 50 Watt=16,66=17 Watt. 200+17=217 Watt). Diese Leistung, geteilt durch das Körpergewicht der Person, ergibt eine relative Wattleistung pro kg Körpergewicht von 3,9 Watt (217 Watt:56kg=3,9 Watt). Verglichen mit den Normwerten für eine Frau (Tabelle 6), liegt die Person auf einem Niveau zwischen Freizeit- bzw. Breitensportler und Ausdauerleistungssportler.

1.3 Gesundheits- und Leistungsstatus der Person

Die Person ist als überdurchschnittlich leistungsfähig einzustufen. Der Blutdruck ist normal und auch der Ruhepuls befindet sich im Bereich der Pulsnormalwerte für Erwachsene. Dieser befindet sich sogar an der unteren Grenze, was für Sportler durchaus üblich ist und als positiv zu bewerten ist (Dr. Wollenberg & Croci, 2018b). Da die Person jung und trainiert ist und keine gesundheitlichen Einschränkungen hat, oder Medikamente einnimmt, und noch dazu ein überdurchschnittlich gutes Ergebnis im Vita-Maxima-Test erreicht hat, ist die Person als 100% belastbar und trainierbar einzuschätzen. Das aktuelle Trainingsniveau kann also gehalten und optimaler Weise noch weiter gesteigert werden.

2 Zielsetzung/Prognose

Ziele sind für die Leistungsentwicklung unerlässlich und helfen dabei, dem Training eine Struktur zu verleihen. Die Ziele sollten dabei stets machbar, aber auch attraktiv formuliert sein. Sie sollen die Person dabei unterstützen, das persönlichen Ziel einen Halbmarathon zu laufen, zu erreichen und den Weg dorthin motivierend zu gestalten.

In nachfolgender Tabelle werden die Ziele der Person dargestellt.

Tabelle 7: Zielsetzungen der Person (eigene Darstellung)

Ziele	Inhalt	Ausmaß	Zeit
1.	Eine Halbmarathondistanz laufend absolvieren	21km	Innerhalb der ersten 20 Wochen
2.	Reduktion des Körperfett- anteils	-3% (von 24% auf 21%)	Innerhalb von 26 Wochen
3.	Steigerung der relativen Wattleistung pro kg Kör- pergewicht im Vita-Maxima- Test	+0,6 Watt (auf 4,5 Watt)	Innerhalb von 18 Wochen

Begründung Ziel 1: Um in sechs Monaten einen Halbmarathon laufen zu wollen, sollte es innerhalb der ersten 20 Wochen darum gehen, eine Distanz von 21km durchgehend laufen zu können. Da die Person keine bestimmte Zielerreichungszeit anstrebt, sondern den Halbmarathon durchlaufen und die Strecke bewältigen können möchte, ist eine sehr gute Grundlagenausdauer über den gesamten Zeitraum zu entwickeln und zu festigen. Durch den bereits guten Trainingszustand gibt dieses Ziel keinen Anlass für gesundheit- liche Bedenken.

Begründung Ziel 2:

Tabelle 8: Klassifikation des Körperfettanteils für erwachsene Frauen bis 79 Jahre (modifiziert nach Gal- lagher et al., 2000)

Alter in Jahren	Körperfettanteil Frauen			
	Niedrig	Normal	Hoch	Sehr hoch
20-39	<21%	21-33%	33-39%	≥39%
40-59	<23%	23-34%	34-40%	≥40%
60-79	<24%	24-36%	36-42%	≥42%

Laut der Norm liegt die Person mit einem Körperfettanteil von 24% im Alter von 24 Jahren im normalen Bereich für eine Frau (Gallagher et al., 2000, S. 694–701). Daher handelt es sich bei der Zielsetzung um einen ästhetischen Wunsch und kommt zugleich dem Trainingsmotiv der Körperfettreduktion nach. Mit dem angestrebten Körperfettan- teil von 21% würde die Person noch immer im normalen und gesundheitlich unbedenk- lichen Bereich liegen.

Begründung Ziel 3: Um die angestrebte Verbesserung der Ausdauerleistungsfähigkeit zu messen, setzt sich die Person eine Verbesserung im Vita-Maxima-Test. Dies ist für die Person ein zusätzlicher Motivator und Wunsch, nach der Normdefinition des Tests, in den Bereich des Ausdauerleistungssportlers zu gelangen. Aus aktueller gesundheitlicher Lage steht der Möglichkeit, einen maximalen Ausbelastungstest zu wiederholen, nichts im Weg.

3 Trainingsplanung Mesozyklus

Im Sinne der Trainingsplanung wird im Folgenden der Mesozyklus 1 zuerst als Grobplanung und anschließend als Detailplanung begründet dargestellt.

3.1 Grobplanung Mesozyklus

Der sechswöchige Mesozyklus 1 wird als Grobplanung dargestellt.

Tabelle 9: Grobplanung Mesozyklus 1 (eigene Darstellung)

Mesozyklus	
Dauer	6 Wochen
Trainingsziel	Stabilisierung der Grundlagenausdauer GA1, Einführung in die extensive Intervallmethode GA2
Belastungsumfang/Woche	3-4 Stunden
Trainingsmethoden	Extensive Dauermethode Variable Dauermethode Extensive Intervallmethode (IM), Mittelzeitintervalle (MZI)
Trainingsintensitäten	50-60% Hfmax (regenerativ) 60-75% Hfmax (extensiv) 60-85% Hfmax (variabel) 85-90% Hfmax (extensive IM)
Trainingshäufigkeit/Woche	4 mal
Dauer pro Trainingseinheit	20 min (regenerativ) 20-100 min (extensiv) 35-60 min (variabel) 40-45 min (extensive IM)
Trainingsgeräte	Laufband, Fahrrad

3.2 Detailplanung Mesozyklus

Der sechswöchige Mesozyklus wird nach vorheriger Grobplanung im Detail dargestellt.

Tabelle 10: Detailplanung Mesozyklus 1, Woche 1-3 (eigene Darstellung)

Woche 1	Mo	Mi	Fr	So
Trainingsziel	GA1	GA1	GA2	GA1
Tr.-methode	Exten DM	Variable DM	Exten IM	Exten DM
Tr.-intensität	60-75% Hfmax 118-147 S/min	60-70% Hfmax extensiv 115-134 S/min, 70-75% Hfmax intensiv 134-144 S/min	85-90% Hfmax 167-176 S/min Lohnende Pause: Hf-Abfall<130 S/min, Richtzeit bis 3 min	60-75% Hfmax 118-147 S/min
Tr.-dauer	50 min	55 min 5:5	MZI: 10 Intervalle à 2 min Gesamtumfang inkl. Pausen: 40 min	50 min
Tr.-gerät	Laufen	Fahrrad	Laufen	Laufen
Woche 2	Mo	Mi	Fr	So
Trainingsziel	GA1	GA1/GA2	GA2	GA1
Tr.-methode	Exten DM	Variable DM	Exten IM	Exten DM
Tr.-intensität	60-75% Hfmax 118-147 S/min	60-75% Hfmax extensiv 115-144 S/min, 75-85% Hfmax intensiv 144-163 S/min	85-90% Hfmax 167-176 S/min Lohnende Pause: Hf-Abfall<130 S/min, Richtzeit bis 3 min	60-75% Hfmax 118-147 S/min
Tr.-dauer	55 min	60 min 5:5	MZI: 11 Intervalle à 2 min Gesamtumfang inkl. Pausen: 45 min	55 min
Tr.-gerät	Laufen	Fahrrad	Laufen	Laufen
Woche 3	Mo	Mi	Fr	So
Trainingsziel	GA1	GA1/GA2	GA2	REKOM
Tr.-methode	Exten DM	Variable DM	Exten IM	Exten DM
Tr.-intensität	60-75% Hfmax 118-147 S/min	60-75% Hfmax extensiv 118-147 S/min, 75-85% Hfmax intensiv 147-167 S/min	85-90% Hfmax 167-176 S/min Lohnende Pause: Hf-Abfall<130 S/min, Richtzeit bis 3 min	50-60% Hfmax 96-115 S/min
Tr.-dauer	60 min	60 min 10:10	MZI: 11 Intervalle à 2 min Gesamtumfang inkl. Pausen: 45 min	20 min
Tr.-gerät	Laufen	Laufen	Laufen	Fahrrad

Tabelle 11: Detailplanung Mesozyklus 1, Woche 4-6 (eigene Darstellung)

Woche 4	Mo	Mi	Fr	So
Trainingsziel	GA1	GA1/GA2	GA2	GA1
Tr.-methode	Exten DM	Variable DM	Exten IM	Exten DM
Tr.-intensität	60-75% Hfmax 118-147 S/min	60-75% Hfmax extensiv 115-144 S/min, 75-85% Hfmax intensiv 144-163 S/min	85-90% Hfmax 167-176 S/min Lohnende Pause: Hf-Abfall<130 S/min, Richtzeit bis 3 min	60-75% Hfmax 118-147 S/min
Tr.-dauer	65 min	60 min 10:10	MZI: 11 Intervalle à 2 min Gesamtumfang inkl. Pausen: 45 min	65 min
Tr.-gerät	Laufen	Fahrrad	Laufen	Laufen
Woche 5	Mo	Mi	Fr	So
Trainingsziel	GA1	GA1	GA2	GA1
Tr.-methode	Ext DM	Variable DM	Exten IM	Exten DM
Tr.-intensität	60-75% Hfmax 118-147 S/min	60-70% Hfmax extensiv 115-134 S/min, 70-75% Hfmax intensiv 134-144 S/min	85-90% Hfmax 167-176 S/min Lohnende Pause: Hf-Abfall<130 S/min , Richtzeit bis 3 min	60-75% Hfmax 118-147 S/min
Tr.-dauer	60 min	60 min 5:5	MZI: 10 Intervalle à 2 min Gesamtumfang inkl. Pausen: 40 min	60 min.
Tr.-gerät	Laufen	Fahrrad	Laufen	Laufen
Woche 6	Mo	Mi	Fr	So
Trainingsziel	GA1	GA1	GA2	REKOM
Tr.-methode	Ext DM	Variable DM	Exten IM	Exten DM
Tr.-intensität	60-75% Hfmax 118-147 S/min	60-70% Hfmax extensiv 118-137 S/min, 70-75% Hfmax intensiv 137-147 S/min	85-90% Hfmax 167-176 S/min Lohnende Pause: Hf-Abfall<130 S/min, Richtzeit bis 3 min	50-60% Hfmax 96-115 S/min
Tr.-dauer	50 min	55 min 5:5	MZI: 10 Intervalle à 2 min Gesamtumfang inkl. Pausen: 40 min	20 min
Tr.-gerät	Laufen	Laufen	Laufen	Fahrrad

3.3 Begründung zum Mesozyklus

Die Detailplanung des Mesozyklus 1 wird in Bezug auf den angestrebten wöchentlichen Belastungsumfang, den ausgewählten Trainingsmethoden, der Belastungsprogression, der angesteuerten Trainingsbereiche und der ausgewählten Ausdauergeräte bzw. Bewegungsformen begründet.

11

3.3.1 Begründung zum angestrebten wöchentlichen Belastungsumfang

Für die Testperson wird ein Belastungsumfang von drei bis vier Stunden an insgesamt vier Tagen pro Woche angestrebt, da in der Diagnose ein zeitlicher Verfügungsrahmen von vier Mal pro Woche angegeben wurde. Die gewünschte Zeit pro Trainingseinheit wurde ebenfalls dem zeitlichen Verfügungsrahmen der Testperson angepasst und entspricht etwa dem Umfang der aktuellen sportlichen Aktivität im Ausdauerbereich. Der erste Mesozyklus wird also dazu genutzt, die Person über den gewohnten Belastungsumfang an neue Trainingsmethoden heranzuführen.

3.3.2 Begründung zu den ausgewählten Trainingsmethoden

Da zum primären Ziel die Stabilisierung der Grundlagenausdauer zählt, werden an zwei bis drei von vier Trainingstagen Einheiten im Bereich der extensiven Dauermethode veranschlagt. Zumal das Training der Grundlagenausdauer unumgänglich ist für eine zukünftig angestrebte Laufleistung mit einer Distanz von 21km. Der Umfang einzelner Trainingseinheiten, in Bezug auf die Zieldistanz, wird nach erfolgter Grundlagenausdauerstabilisierung erst in den folgenden Mesozyklen erhöht, um die Person erstmal an die neuen Trainingsmethoden zu gewöhnen. Auf diese Distanz ist es wichtig mithilfe des GA1 Trainings die aerobe Leistungsfähigkeit (sauerstoffabhängig) zu verbessern. Die variable Dauermethode ist in der ersten Woche des Mesozyklus ausschließlich im Bereich GA1, um die Person an diese Trainingsform heranzuführen. In den folgenden Wochen soll diese Methode auch im GA1 und GA2 Bereich stattfinden, um vor allem die Umstellung zwischen der aeroben und gemischt aerob-anaeroben Energiebereitstellung zu verbessern, indem die Beanspruchung im Bereich der aeroben und anaeroben Schwelle wechselt (Olivier, Marschall & Büsch, 2016, S.161). Die extensive Intervallmethode eignet sich gut, um die Person nach dem aktuell ausschließlich moderaten Lauftraining an Intervalle heranzuführen. Dieses Training ist für Sportler mit einem guten Leistungsniveau gedacht, jedoch für den Einstieg schonender als die intensive Intervallmethode. Nicht zuletzt wird diese Methode zur Zielerreichung der gewünschten Körperfettreduktion eingesetzt. Dabei ist der Gesamtenergieverbrauch bei einer höheren Belastungsintensität deutlich höher als bei einem Fettstoffwechseltraining im niedrigeren Intensitätsbereich. Dieses Kriterium ist daher für die Körperfettreduktion, im Sinne einer negativen Energiebilanz, aufgrund des absolut höheren Gesamtfettverbrauchs entscheidend und spielt sich daher im Bereich GA2 ab (Hottenrott, Ludyga & Schulze, 2012, S. 485-486).

3.3.3 Begründung zur Belastungsprogression

Die Person ist es gewohnt 45-60 min am Stück zu laufen und trainiert aktuell an vier Tagen Ausdauer, daher knüpft die Woche eins des ersten Mesozyklus an diesem Umfang an. Um die Belastung progressiv zu erhöhen, wird mit einem Richtwert von +10% pro Woche die Trainingsdauer gesteigert. Auch die Intensität im Bereich der variablen Dauermethode wird über die Trainingsmethode und Intervalldauer progressiv gesteigert, um trainingswirksame Reize zu setzen. Um die neu eingeführte Intervallmethode sinnvoll zu integrieren und der Person Zeit zur Erholung zu gewähren, folgt in Woche drei und sechs eine REKOM Trainingseinheit im Verhältnis von 3:1. Im Sinne der Belastungsprogression wird der Umfang bis Woche vier nach und nach im Rahmen der zeitlichen Verfügung der Person gesteigert und ab Woche fünf langsam reduziert.

3.3.4 Begründung zu den angesteuerten Trainingsbereichen

Um die Grundlagenausdauer zu stabilisieren, findet über die Hälfte des Trainings im GA1 Bereich statt. Um sich von den Intervallen zu erholen, macht das REKOM Training mit bis zu 5% einen kleinen Anteil im Gesamttrainingsumfang aus und geht somit auch nicht über eine Belastungsdauer von 45 min hinaus (Hottenrott, 1997). Die Belastungsintensitäten wurden in % von der maximalen Herzfrequenz nach der Formel vom American College of Sports Medicine (ACSM) berechnet. Dabei ist zu berücksichtigen, dass für die Trainingseinheit auf dem Fahrrad die ermittelte maximale Herzfrequenz von 192 S/min aus dem Vita-Maxima-Test zur Berechnung herangezogen wurde. Da die individuelle maximale Herzfrequenz beim Laufen von der maximalen Herzfrequenz vom Fahrradfahren abweicht und hier nicht ermittelte wurde, wurden die Herzfrequenzbereiche für die Laufeinheiten auf Grundlage der allgemeinen Formel Hfmax Laufen=220-Lebensalter (196 S/min=220-24 Jahre) (ACSM, 1998, S. 975) berechnet.

3.3.5 Begründung der ausgewählten Ausdauergeräte bzw. Bewegungsformen

Aufgrund des Ziels einen Halbmarathon zu bewältigen, findet das Training überwiegend laufend statt. Zur besseren Steuerung der Intervalle, absolviert die Person die extensive Intervallmethode auf dem Laufband und den Großteil der restlichen Laufeinheiten draußen, um sich auf die Halbmarathonbedingungen im Freien am effektivsten vorzubereiten. Damit zum einen die Motivation und der Spaß am Training nicht verloren gehen, findet jeweils eine Trainingseinheit pro Woche auf dem Fahrradergometer statt.

Zum anderen soll die bisherige wöchentliche Einheit im Indoor Cycling Kurs damit aufgefangen werden. Da in der Zielsetzung der Wunsch der Verbesserung der Ausdauerleistungsfähigkeit im Vita-Maxima-Test genannt wurde, ist es zudem sinnvoll auf dieses Ziel auf dem Testgerät Fahrrad hinzuarbeiten. Dies geschieht in Form der variablen Dauermethode, da bei dieser Methode auch das Training im höheren Intensitätsbereich GA2 Bedeutung findet und deswegen für eine Verbesserung im Ausdauertest von Nutzen ist.

4 Literaturrecherche - Effekte des Ausdauertrainings bei arterieller Hypertonie

In den nachfolgenden Tabellen wird sich mit den Effekten des Ausdauertrainings bei arterieller Hypertonie beschäftigt.

Die erste Studie untersucht die Auswirkungen eines zwölfwöchigen Trainingsprogramms auf die körperliche Leistungsfähigkeit von älteren Probanden mit einer isolierten systolischen Hypertonie (Meißner, 2011, S. 1-56).

Tabelle 12: Zusammenfassung Studie eins (eigene Darstellung)

Titel der Studie	Effekte eines 12-wöchigen Ausdauertrainings auf die körperliche Leistungsfähigkeit und den psychischen Zustand von Patienten mit isolierter systolischer Hypertonie (S.1)
Autor/en der Studie	Meißner R. (S.1)
Jahr der Publikation	2011 (S.2)
Dauer der Studie	März bis Oktober 2005 (S. 17)
Forschungsfrage	Wie sind die Auswirkungen eines zwölfwöchigen Trainingsprogramms auf die körperliche Leistungsfähigkeit von älteren Patienten mit einer isolierten systolischen Hypertonie (ISH) (S.43)?
Versuchspersonen	Probanden sind 51 Patienten der Bluthochrucksprechstunde der Charité-Universitätsmedizin Berlin, über 60 Jahre, mit isoliertem systolischen Bluthochdruck (systolisch >140 mmHg, diastolisch ≤ 90 mmHg). (S. 43). Ausschlusskriterien: - Regelmäßige sportliche Betätigung innerhalb der letzten 12 Wochen vor Beginn der Studie - Periphere arterielle Verschlusskrankheiten >IIa - Aorteninsuffizienz bzw. Stenose > 1. Grades - Hypertrophie obstruktive Kardiomyopathie (HOCM) - Herzinsuffizienz > NYHA 2 - Absolute Arhythmien mit hämodynamischer Relavanz - Systolischer Blutdruck > 180 mmHg - Ischämiezeichen im EKG der Eingangsuntersuchung - Veränderungen der medikamentösen antihypertensiven Therapien in den letzten 6 Wochen (S.17)
Versuchsaufbau	Die Eingangs- und Abschlussuntersuchungen bestanden aus einem Ruhe- und Belastungs-EKG, einer Laufbandspiroergometrie, einer Langzeit-Butdruckmessung und einer Echokardiografie des Herzens. Randomisierung der Probanden in eine Trainingsgruppe (24 Teilnehmer) und eine Kontrollgruppe (27 Teilnehmer). Trainingsgruppe: Durchführung eines dreimal wöchentlichen Trainings für insgesamt 12 Wochen auf dem Laufband nach folgendem Intervallschema: Woche 1-2: 5x3 min Woche 3-4: 4x5 min Woche 5-6: 3x8 min Woche 7-8: 3x10 min Woche 9-10: 2x15 min Woche 11-12: 30-40 min durchgehende Belastung Pausen zwischen den Intervallen: Über drei Minuten in der Hälfte der Trainingsgeschwindigkeit (S. 21-22). Trainingsintensität mittels Laufbandspiroergometrie nach modifizierten Balke-Protokoll festgelegt (S. 19). Trainingssteuerung mittels Laktatkonzentration (Zielwert: 2,0 ±0,5 mmol/l im Kapillarblut), gemessene Herzfrequenz, subjektive Befindlichkeit der Patienten mittels Borg-Skala (S. 21-22). Kontrollgruppe: Kein Sportprogramm (S. 43).
Ergebnisse	51 Patienten konnten in die Analyse eingeschlossen werden. Relevante Ergebnisse: Signifikante Veränderung des systolischen Blutdrucks: Trainingsgruppe: Von 185,2 ± 5,7 auf 153,8 ± 5,9 mmHg, p<0.0004 Kontrollgruppe: Von 189,3 ± 5,6 auf 167,1 ± 5,3 mmHg p<0,0063 (S. 43) Veränderung des diastolischen Blutdrucks: Trainingsgruppe: Von 82 ± 3,3 auf 74 ± 3,5 mmHg, p<0,1 Kontrollgruppe: Von 78,7 ± 2,7 auf 73,7 ± 2,9 mmHg p<0,2 (S. 25-26) Die nicht relevanten Ergebnisse werden hier im Zuge der Aufgabenstellung nicht weiter aufgeführt.
Schlussfolgerungen	Das Trainingsprogramm zeigt positive Auswirkungen auf den systolischen Blutdruck. Besonders konnte sich eine Absenkung des systolischen Blutdrucks bei der Trainingsgruppe herausstellen. Die Werte der Kontrollgruppe weisen etwas schlechtere Werte auf. Damit ist belegt, dass durch körperliche Aktivität in Form eines Ausdauertrainings bei Patienten mit einer ISH der Blutdruck gesenkt werden kann (S. 42).

Die zweite Studie untersucht die Wirkung eines sechswöchigen Bewegungsprogramms mit moderater Intensität auf den Tagesblutdruck bei unmedizierten, sitzenden Erwachsenen, im Alter von 18 bis 64 Jahren mit einem erhöhten Blutdruck (Cooper, Moore, McKenna & Riddoch, 2000, S. 958-962).

Tabelle 13: Zusammenfassung Studie zwei (eigene Darstellung)

Titel der Studie	What is the magnitude of blood pressure response to a programme of moderate intensity exercise? Randomised controlled trial among sedentary adults with unmedicated hypertension
Autor/en der Studie	Cooper A. R., Moore L. A. R., McKenna J., Riddoch C. J,

Jahr der Publikation	2000
Dauer der Studie	6 Wochen
Forschungsfrage	Untersuchung der Wirkung eines sechswöchigen Bewegungsprogramms mit moderater Intensität auf den Tagesblutdruck (10.00 Uhr bis 22.00 Uhr) bei unmedizierten, sitzenden Erwachsenen im Alter von 18 bis 64 Jahren mit einem Blutdruck von 150 mmHg bis 180 mmHg systolisch und / oder 91 mmHg bis 110 mmHg diastolisch.
Versuchspersonen	Probanden sind 90 Personen im Alter von 18 bis 64 Jahren mit einem Blutdruck im Ruhezustand von 150 mmHg bis 180 mmHg systolisch und / oder 91 mmHg bis 110 mmHg diastolisch. Ausschlusskriterien: - Pharmakologischer Blutdruck - Behandlung zur Senkung der Lipidwerte - Keine Sesshaftigkeit
Versuchsaufbau	Messung des Blutdrucks mit einem Blutdruckmessgerät des sitzenden Probanden. Um den Bewegungsmangel zu bestätigen, trugen die Probanden während der Wachstunden einen Schrittzähler für vier Tage, um ein Maß des Energieverbrauchs bei körperlicher Aktivität zu erhalten. 14 Probanden notierten den Energieverbrauch in Kilokalorien in einem Tagebuch. Nach Abgabe des Schrittzählers wurde der Ruheblutdruck erneut gemessen, mit der Bedingung, dass die Probanden 24 Stunden vorher nicht sportlich aktiv waren. Randomisierung der Probanden in eine Interventionsgruppe (47 Teilnehmer) und eine Kontrollgruppe (39 Teilnehmer). Interventionsgruppe: Durchführung einer körperlichen Aktivität mit einer Dauer von 30 Minuten mit einem Verbrauch von 150 - 200 kcal (entspricht 30 Minuten schnellem Gehen) an fünf Tagen in der Woche, über einen Zeitraum von sechs Wochen, zusätzlich zum normalen Niveau. Tägliches Tragen eines Schrittzählers. Gesamtenergieverbrauch pro Tag, Energieverbrauch während der Aktivität und die Art und Dauer jeder Trainingseinheit werden in einem Tagebuch festgehalten. Treffen mit den Forschern nach zwei und vier Wochen um mögliche Probleme zur Aufgabe zu lösen. Kontrollgruppe: Beibehalten der aktuellen körperlichen Aktivität für die nächsten sechs Wochen. Am Ende des sechswöchigen Zeitraums wurden die Teilnehmer befragt, um zu bestätigen, dass keine Änderungen der Lebensweise in Bezug auf Bewegung, Alkoholkonsum oder Diät, außer der Teilnahme am Übungsprogramm (Interventionsgruppe), stattgefunden hat. Das Körpergewicht und der ambulante Blutdruck wurden unter den gleichen Bedingungen wie in der Eingangsmessung erneut gemessen.
Ergebnisse	86 Probanden konnten in die Analyse eingeschlossen werden. Relevante Ergebnisse: Veränderung des systolischen Blutdrucks: Interventionsgruppe: Von 139,8 auf 137,0 mmHg (-2,82) Kontrollgruppe: Von 135,7 auf 136,3 mmHg (-0,57) Veränderung des diastolischen Blutdrucks: Interventionsgruppe: Von 89,5 auf 87,7 mmHg (-1,85) Kontrollgruppe: Von 87,6 auf 88,5 mmHg (+0,91) Zu beachten ist, dass eine Reihe der Probanden einen nicht wirklich hohen Blutdruck hatten. Die nicht relevanten Ergebnisse werden hier im Zuge der Aufgabenstellung nicht weiter aufgeführt.
Schlussfolgerungen	Die Interventionsgruppe zeigt positive Auswirkungen auf den systolischen und diastolischen Blutdruck. Die Werte der Kontrollgruppe weisen nur geringfügig positivere Werte auf. Trotz hoher Einhaltung des Übungsprogramms, ist die blutdrucksenkende Wirkung eines Ausdauertrainings mit moderater Intensität bei Hypertonikern nicht signifikant. Daher lässt sich sagen, dass ein solches Ausdauertraining für eine klinisch bedeutende Blutdrucksenkung bei Hypertonie eher unrealistisch ist.

16

5 Literaturverzeichnis

American College of Sports Medicine. (1998). The recommended quantity and quality of exercise for developing and maintaining cardiorespiratory and muscular finess, and flexibility in healthy adults. *Medicine and science in sports and exercise, 30* (6), 975-991.

Cooper, A.R., Moore, L.A.R., McKenna, J. & Riddoch, C.J. (2002). What is the magnitude of blood pressure response to a programme of moderate intensity exercise? Randomised controlled trial among sedentary adults with unmedicated hypertension. *British Journal of General Practice, 50,* 958-962.

Gallagher, D., Heymsfield, S. B., Heo, M., Jebb, S. A., Murgatroyd, P. R. & Sakamoto, Y. (2000). Healthy percentage body fat ranges: an approach for developing guidelines based on body mass index. *American Journal of Clinical Nutrition, 72* (3), 694–701.

Hottenrott, K. (1997). *Ausdauertraining. Intelligent effektiv erfolgreich* (4. Aufl.). Lüneburg: Wehdemeier & Pusch.

Hottenrott, K., Ludyga, S. & Schulze, S. (2012). Effects of high intensity training and continuous endurance training on aerobic capacity and body composition in recreationally active runners. *Journal of Sports Science and Medicine, 11,* 483-488.

Kindermann, W. (1987a). Ergometrie-Empfehlungen für die ärztliche Praxis. *Deutsche Zeitschrift für Sportmedizin, 38* (6), 244-268

Meißner, R. (2011). *Effekte eines 12-wöchigen Ausdauertrainings auf die körperliche Leistungsfähigkeit und den psychischen Zustand von Patienten mit isolierter systolischer Hypertonie.* Dissertation, Medizinische Klinik mit Schwerpunkt Hämatologie und Onkologie der Medizinischen Fakultät Charté - Universitätsmedizin. Berlin.

Olivier, N., Marschall, F. & Büsch, D. (2016). *Grundlagen der Trainingswissenschaft und -lehre. Grundlagen der Sportwissenschaft* (2., überarbeitete Aufl.). Schorndorf: Hofmann.

Steinacker, J. M., Liu, Y. & Reißnecker, S. (2002). Abbruchkriterien bei der Ergometrie. *Deutsche Zeitschrift für Sportmedizin, 53* (7-8), 228-229.

Wollenberg, C. & Croci, S. (2018a). *Blutdruck Normalwerte. Blutdruckdaten.* Zugriff am 26.06.2019. Verfügbar unter https://www.blutdruckdaten.de/lexikon/blutdruck-normalwerte.html

Wollenberg, C. & Croci, S. (2018b). *Puls Normalwerte. Blutdruckdaten.* Zugriff am 26.06.2019. Verfügbar unter https://www.blutdruckdaten.de/lexikon/puls-normalwerte.html

6 Tabellenverzeichnis